Maria Sibirnaya

As peças de Alexander Mardan no contexto da cultura pop de massas

Maria Sibirnaya

As peças de Alexander Mardan no contexto da cultura pop de massas

ScienciaScripts

Imprint

Any brand names and product names mentioned in this book are subject to trademark, brand or patent protection and are trademarks or registered trademarks of their respective holders. The use of brand names, product names, common names, trade names, product descriptions etc. even without a particular marking in this work is in no way to be construed to mean that such names may be regarded as unrestricted in respect of trademark and brand protection legislation and could thus be used by anyone.

Cover image: www.ingimage.com

This book is a translation from the original published under ISBN 978-3-659-92355-5.

Publisher:
Sciencia Scripts
is a trademark of
Dodo Books Indian Ocean Ltd. and OmniScriptum S.R.L publishing group

120 High Road, East Finchley, London, N2 9ED, United Kingdom
Str. Armeneasca 28/1, office 1, Chisinau MD-2012, Republic of Moldova, Europe
Managing Directors: Ieva Konstantinova, Victoria Ursu
info@omniscriptum.com

Printed at: see last page
ISBN: 978-620-2-75736-2

CONTEÚDO

INTRODUÇÃO

O estudo da relação entre a dramaturgia e a cultura de massas é um tema urgente devido às tendências visíveis da influência da cultura de massas na consciência pública contemporânea

Apesar da grande popularidade do dramaturgo Alexander Mardan na Rússia e na Ucrânia, bem como noutros países europeus, até agora não apareceram estudos sob a forma de artigos e monografias científicas que analisassem integralmente as peças de A. Mardan no contexto da cultura de massas.

Todos os trabalhos críticos existentes dedicados às obras de A. Mardan caracterizam as várias tendências literárias e dramatúrgicas presentes nas peças do dramaturgo, no entanto, ainda não foram analisados os aspectos das peças, que pretendemos considerar neste artigo.

Uma vez que as peças de A. Mardan na sua interpretação cénica, como mostram as produções teatrais, representam principalmente um estrato da cultura popular de massas, tentaremos determinar como a sua obra se enquadra nas tendências de existência do atual drama popular de massas, analisando as peças "Anschlag", "Intermission", "The Last Hero" e "Cats and Mice".

Os **objectivos do** presente documento são:

- para identificar o modo como os estereótipos e os clichés da consciência colectiva funcionam nas peças do dramaturgo de Odessa, em relação às quais é criada uma certa utopia de massas;

- analisar a natureza dos processos de simulação nos dramas de A. Mardanian, em primeiro lugar, ao nível dos enredos, das imagens das personagens e do plano de discurso;

- Determinar as caraterísticas das técnicas metadramáticas utilizadas pelo autor e, com base no exemplo das peças "Anschlag", "Intermission", "The Last Hero" e "Cats and Mice", analisar, a este respeito, as possíveis formas de interpretação destas peças no contexto da cultura pop de massas.

Alexander Evgenyevich Mardan nasceu em 1956 em Vladivostok, de onde se mudou para Odessa com os seus pais. Licenciou-se na Escola de Matemática de Odessa n.º 116 e depois no Instituto de Engenheiros Marítimos de Odessa. Durante muito tempo, trabalhou no sistema do Ministério da Marinha da URSS. No início dos anos 90, A. Mardan abandonou a carreira naval. Atualmente, é um importante empresário e membro da União Nacional de Escritores da Ucrânia. Escreveu o seu primeiro argumento em 1982, um guião para o filme

filme para televisão em 1985, a primeira peça, "Lista de Expectativas" apareceu em 2003 e foi publicada no almanaque "Deribasovskaya - Rishelievskaya" №. 19. Até à data, escreveu mais de vinte peças e guiões originais.

Em sete anos, publicou sete livros:

em 2008. - "Eu sou diferente.

em 2009, uma coleção de peças de teatro, "Dia dos Assuntos Civis".

em 2010. - "Sete Noites.

em 2011. - A coleção "4+2=19",

em 2012. - Dez peças que vão abalar o mundo,

em 2013. - Noite dos Namorados,

Em 2015. - "A História de um Assassinato.

As peças de Alexander Mardanj foram traduzidas para ucraniano, albanês, inglês, búlgaro, italiano, letão, alemão, francês, polaco, romeno, sueco e alemão. As peças de Alexander Mardanj foram encenadas em 85 cidades de quinze países, num total de 156 representações.

A.E. Mardan - Laureado com o Prémio Gogol 2010. N.V. Gogol 2010. Em 2011, pela coleção "4+2=19", foi galardoado com o diploma do prémio literário com o nome de Yuri Dolgoruky. Yuri Dolgoruky. Laureado do prémio com o nome de. V.I. Dahl 2014. Vencedor do prémio com o nome de. K.G. Paustovsky 2015. Em 2015, A.E. Mardan foi galardoado com o título de "Artista de Honra das Artes da Ucrânia".[1]

A.E. Mardan é um dos dramaturgos mais populares da Ucrânia. O público não fica indiferente às peças deste extraordinário autor. As peças apresentam problemas sociais e públicos - o engraçado e o triste fundem-se, não se percebe imediatamente onde está a comédia e onde está a tragédia. Cada personagem tem o seu próprio drama escondido. As peças de A. Mardan deviam ser publicadas nos jornais, porque os enredos das peças são tão simples e vitais e as personagens e os acontecimentos são tão reconhecíveis.

A. E. Mardan é um mestre da reviravolta do enredo, erudito, aforístico e espirituoso. De acordo com A. Vinogradova, ele "lida de forma divertida com um grande volume de material multifacetado". A. E. Mardan declarou-se como um cronista atento e tendencioso - cronista do seu tempo e da sociedade que nele vive"[2] .

O dramaturgo capta com sensibilidade as tendências que surgiram na sociedade e transforma-as prontamente em literatura e teatro. O próprio autor afirma sobre o seu trabalho que a dramaturgia não é a sua atividade principal, mas mais um hobby, uma

---

[1] http:// dramaturg. com. ua/index. php/bio
[2] Agnessa Vinogradova, "Havia um rapaz?" A revista "Rainbow", №4, 2011g

paixão.

Quando alguns dramaturgos afirmam que a modernidade é pobre em enredos, a resposta é: "E vão pelo menos ao tribunal, sentem-se lá durante uns dias - e terão enredos suficientes para dez anos". Analisar a vaga de nova dramaturgia protagonizada por alguns autores escandalosos,

afirma categoricamente que não aceita palavrões na dramaturgia: Quando se diz que o teatro é um templo, que esse templo se mantenha pelo menos ao nível do vocabulário. E depois, aparentemente, devemos lembrar que a palavra "ham" em hebraico é uma proibição. Templo e presunto são incompatíveis"[34] . O autor mantém o seu público na plateia através de vários métodos: intriga no enredo, personagens ambíguas, associações com obras clássicas famosas, final "aberto", que o público, e também o encenador, podem interpretar à sua maneira: "o principal no teatro... são quatro componentes. Cifra. Proporções. Toque. Onda. Como um enigma, a forma, a inclusão e o seu estado emocional.

As peças de A.E. Mardan são, de certa forma, lentes de contacto que ajudam o leitor, o espetador, a ver melhor a si próprio, o seu tempo, o seu lugar entre as pessoas na nossa existência agitada, ambígua e imprevisível.[5]

A arte do teatro sempre pôde ser dividida em "alta" e cultura pop de massa. Apesar de, hoje em dia, o teatro estar associado, na mente da maioria, a algo sempre necessariamente sublime, a maioria das peças modernas adquire um carácter exclusivamente lúdico, o que não significa, de todo, um baixo nível destas obras. As peças de A. Mardan também pertencem à esfera da moderna cultura pop de massas, o que confirma a tendência do nosso tempo sobre a situação cultural em que existem todos os tipos de cultura de massas. É de notar que a cultura de massas é, segundo A. Zakharov e A. Kostina, uma forma de existência da consciência pública moderna.[6]

---

[3]   Observações sobre a "Lista". O dramaturgo Alexander Mardan:/'gazeta.zn.ua/'CULTURA/comentário, na liste dramaturg aleksandr mardan v odes : "Em Odessa fala-se russo, mas pensa-se em ucraniano^> .:b11pse govoryat po-russki, no dumayut po-ukrainski.html

[4]   Comentários sobre "Liste". Dramaturgo Alexander Mardan:http://gazeta.zn.ua/CULTURE/remarki na liste dramaturg aleksandr mardan v odes : "Em Odessa fala-se russo, mas pensa-se em ucraniano. "se govoryat po-russki, no dumayut po-ukrainski.html

[5]   Agnessa Vinogradova "Houve um Rapaz?" Revista Arco-Íris, n.º 4, 2011g

[6]   Zakharov A.V. A cultura tradicional na sociedade moderna [w]: Estudos Sociológicos, 2004, N7, pp.

Considerando as peças de A. Mardan no contexto da cultura popular de massas e estudando as técnicas metadramáticas utilizadas pelo autor nas peças "Anschlag", "Intermission", "The Last Hero" e "Cats and Mice", utilizamos os seguintes métodos

-	o método de análise estrutural, que é utilizado para estudar todos os elementos e níveis da poética da peça como um sistema unificado;

-	elementos do método pós-estruturalista que ajudam a analisar as peças ao nível de fenómenos como a performance, a metateatralidade, o simulacro, entre outros;

-	método de análise intertextual, que é utilizado para compreender o objetivo pelo qual o dramaturgo introduz a componente intertextual das peças de Tchekhov e Shakespeare nos seus próprios dramas e para compreender como o dramaturgo se relaciona com o drama russo e mundial, entrando em diálogo com o passado.

105-115. Kostina A.V. A cultura de massas como fenómeno da sociedade pós-industrial, ed.2, M., 2005, p. 352

CAPÍTULO I

1.1. Processos de consciência de massa na cultura popular de massa cultura popular de massas.

O termo "cultura de massas" surgiu nos anos 40 do século XX e difundiu-se graças aos trabalhos de cientistas de diferentes domínios científicos: filósofos Jaspers (José Ortega y Gasset *"Revolta das Massas"*; Karl *"Situação Espiritual do Tempo"*); sociólogos (Jean Baudrillard *"Fantasmas da Modernidade"*; P. A. Sorokin *"Homem. Civilização.*

Sociedade.") e outros. A atitude em relação à cultura de massas no pensamento filosófico e cultural moderno não é inequívoca. Se antes a arte se dividia em de massas e elitista, nos anos 1960-1970 estes conceitos foram revistos no quadro do pós-modernismo, que eliminou esta oposição para "7 muitos investigadores.

A cultura e a arte, em virtude do seu desenvolvimento autónomo, quando se dirigem às massas, são inevitavelmente orientadas para as oportunidades e necessidades do cidadão médio e, portanto, para o sucesso comercial. Por exemplo, o fascínio generalizado pela música pop ou rock, a simplificação e o embrutecimento dos enredos literários, que observamos, são causados pela escassez do mundo interior do homem moderno. A maioria dos nossos contemporâneos é incapaz de aceitar a riqueza polifónica de imagens, significados, símbolos, experiências interiores e emoções captadas nos melhores exemplos de obras clássicas.

A cultura de massas, que existe em paralelo e em inter-relação com a chamada "alta cultura", mudou de significado ao longo dos séculos, e o próprio termo foi redefinido em termos de coloração estilística. No tipo de literatura realista, a associação da "massa"[7] estava associada ao tabloidismo, à má ficção, ao kitsch e à imagem da arte "baixa" em geral, bem como ao drama e à literatura, em particular.

Hoje em dia, a arte de massas assume uma forma diferente, dirigida ao destinatário médio, que percepciona o conteúdo de uma determinada imagem

---

[7] Estudos Culturais Teóricos / Editado por K. E. Razlogov, Moscovo: Ros. Instituto de Estudos Culturais, 2005.

7

apresentada num texto literário, cinematográfico ou noutras formas de cultura pop como um reflexo da sociedade moderna que o rodeia. O espetador comum encontra em vários tipos de arte de massas temas que estão próximos da sua vida quotidiana, enquanto a arte elevada e elitista trata de questões que nem sempre são claras para ele.

Vários investigadores da literatura pós-moderna atribuíram à cultura de massas qualidades como o carácter secundário e o papel determinante do leitor[8] . Além disso, a cultura de massas resulta da adaptação dos valores da alta cultura à consciência das massas, reinterpretando vários arquétipos bem conhecidos da arte canónica de uma nova forma, muitas vezes mais compreensível para o espetador ou leitor de massas.

A arte moderna de massas envolve cada vez mais a repetição de motivos antigos em vez da inovação de enredos. A popularidade é trazida por vários tapetes musicais, remakes de produções cinematográficas, peças de teatro, cujo enredo se transforma em histórias retiradas da literatura clássica e recontadas de novo.

A utilização de ideias primárias que entraram na consciência das massas, a transformação de arquétipos numa nova ideia quase irreconhecível, ou a transformação de um enredo, motivo ou imagem clássicos de uma nova forma (muitas vezes para realizar uma espécie de revolução na consciência através de um contraste acentuado), tornou-se uma técnica artística na arte do século XX, na qual foram repetidamente abordadas questões sobre a relação entre a realidade e a arte, os grandes mitos e a vida quotidiana. Na era do pós-modernismo, a visão da modernidade é refractada através do prisma da literatura e da

o património cultural do passado.[9]

A cultura de massas reflecte a perceção do património cultural do passado através dos estereótipos da consciência de massas. Além disso, emergindo das origens da cultura popular, a cultura de massas tem estado mais intimamente ligada à vida quotidiana, ao reflexo do mundo real e à consciência comum. No entanto, a cultura de massas já não representa um espaço único, está estruturada de forma complexa e inclui não só as suas formas e géneros inerentes, mas também capta a esfera da alta cultura,

---

Kostina A. V. A cultura de massa como um fenómeno da sociedade pós-industrial. M., 2003.

inclui-a no seu campo, fá-la falar a sua própria língua. Todos estes fenómenos exigem uma compreensão séria e uma investigação profunda, sem as quais é impossível compreender e avaliar o mundo da cultura contemporânea.

Ao contrário da cultura artística elevada e autoral, que, na sua essência, visa compreender todos os problemas da existência humana, a cultura de massas, tocando mesmo os problemas mais complexos da existência, da dialética dos sentimentos, da cognição da verdade, da religião, acaba por simplificar estes temas, recorrendo a estereótipos, simulacros, fórmulas habituais, clichés, e, assim, chama a atenção não para as questões da cognição, mas para os problemas habituais da vida quotidiana.[910]

O simulacro é, sem dúvida, uma das principais categorias da estética e da filosofia pós-modernas.

Jean Baudrillard (1929-2007).

O conceito de simulacro está associado, em primeiro lugar, ao nome do proeminente filósofo francês Jean Baudrillard, segundo o qual a era do pós-modernismo não é senão a era da simulação total. Jean Baudrillard começou a utilizar o termo "simulacro" no final dos anos 70. É neste período que se abre a etapa pós-modernista da sua obra. No espaço simulativo da hiper-realidade, o efeito de realidade é imitado e exagerado, criando a impressão de que todos os objectos, o ar e a

---

[9] Shilova E. N. "Metadrama in the work of Caryl Churchill". Ekaterinburg. 2011

[10] Kuznetsova T. F., Lukov V. A., Lukov M. V. "Cultura de massas e belletrística de massas"

iluminação existem na realidade.

O significado do conceito de "simulacro" é entendido por nós como uma imitação do inexistente, repetindo as palavras do Eclesiastes: *"O simulacro não é de todo o que esconde a verdade - é a verdade que esconde que não existe. O simulacro é a verdade.* "Por outras palavras, o simulacro surge no processo de transformação da imagem que reflecte a realidade, mascarando e distorcendo gradualmente a realidade para finalmente se tornar um símbolo que não esconde qualquer realidade.[11]

No esquema de evolução dos simulacros, Jean Baudrillard propõe três fases desse desenvolvimento: simulacros de primeira ordem que actuam com base na lei natural do valor, simulacros de segunda ordem - com base na lei de mercado do valor, e simulacros de terceira ordem - com base na lei estrutural do valor. Mais tarde, na sua obra "Transparência do Mal", o autor do conceito desenvolve o esquema e acrescenta o quarto estádio de evolução dos simulacros - o fractal, que corresponde ao estado "atual" das coisas e é "o mais moderno".

São as terceira e quarta fases da evolução dos simulacros que mais interessam, porque são as fases em que começa a produção de simulacros morais.

Com o advento da era da simulação, a transformação da realidade em hiper-realidade, surge o fenómeno da chamada nostalgia, "aumenta" o valor dos mitos e dos signos originais da realidade, bem como da verdade, da objetividade e da autenticidade. Os mitos, que perderam a sua origem metafísica mas conservaram os seus mecanismos de regulação e a sua função na cultura de massas, permitem, nomeadamente, organizar a realidade moderna.

1.2. O jogo do simulacro nos dramas de Alexandre Mardan no contexto da cultura popular de massas. O contexto da cultura popular de massas.

A. As peças de Mardan são cada vez mais apelativas para as massas, uma vez que os seus temas reflectem os estereótipos da consciência e os problemas de uma sociedade que vive na encruzilhada dos séculos. O dramaturgo conhece a vida

---

[11] Baudrillard J. "Simulacra and Simulations", tradução do francês: Pechenkina O.A., 2013 Tula, - 204 pp.

quotidiana das suas personagens no país outrora grande, heroico e sofrido, mesmo depois do seu trágico colapso, e utiliza sinais populares e costumes. Nas peças de A. Mardan, este material é processado e decorado artisticamente, mas, ao mesmo tempo, é transmitido com precisão fotográfica e observação fenomenal.

A. As peças de Mardan reflectem também a mentalidade humana, que durante décadas se formou sob a influência da propaganda política do Estado totalitário e de um conjunto de conceitos diferentes, próprios da época anterior. A destruição e a mudança contínuas do regime totalitário no país influenciaram a transformação do pensamento da sociedade e conduziram à confusão e à desilusão.

A nova realidade traz novas ideias para a cultura, que surgem como resultado de um repensar dos estereótipos da velha vida quotidiana, o que leva a novas interpretações de velhos motivos, no processo do qual há frequentemente um choque entre o pensamento pós-totalitário e ideias ultrapassadas mas sólidas do passado.

A atribuição dos heróis das peças de A. Mardan às imagens presentes na consciência das massas, a utilização de simulacros estabelecidos podem também indicar que a sua obra pertence ao género da cultura de massas.

Em consonância com esquemas semelhantes, as peças de A. Mardan repetem os princípios da ficção de massas, utilizando clichés firmemente enraizados na consciência das massas, a que se dirige a ironia do autor.

No espaço soviético e pós-soviético, houve uma tentativa de apresentar a realidade numa imagem utópica. A propaganda soviética apresentava a vida quotidiana do futuro, ou seja, a vida comunista na literatura e na arte, de uma forma peculiar e dirigida ao destinatário, com o objetivo de o convencer de que os sonhos já tinham sido parcialmente realizados. Nos anos pós-soviéticos, todas as memórias do passado na literatura ou na arte estavam repletas de dogmatismo ideológico, de exagero e de utopia baseada em estereótipos associados à consciência totalitária. Nas suas peças, A. Mardan tenta mostrar estas tendências, utilizando diferentes perspectivas.

Na peça "Gatos e Ratos" há, ao que nos parece, uma tentativa de restaurar a ligação quebrada dos tempos, e toda a ação se transforma num simulacro de uma realidade inexistente.

O título da peça "Gatos e Ratos - Um Escândalo sem Intervalo" contém alusões ao significado da peça. Tal como noutras peças de A. Mardan, o título pode ser interpretado de diferentes maneiras, dependendo do significado geral de "Gatos e ratos - Um escândalo sem intervalo". Sem dúvida, há uma alusão ao jogo em que o predador e a vítima trocam de lugar. No entanto, o autor deixa ao critério do público a interpretação do facto de quem é a vítima e quem é o carrasco, o predador, o herói negativo.

A peça "O Gato e o Rato" tem elementos de um talk show, um programa de televisão muito popular que, nos últimos tempos, se tem revelado uma ação teatral com uma realidade fictícia. Num talk show, o que para o espetador parece ser improvisação ou factos revelados de repente, não passa, na verdade, de um guião pensado com precisão, que os espectadores-actores interpretam no estúdio, quase como os actores de teatro interpretam os seus papéis no palco.

O enredo da peça "Gatos e Ratos" atrai a atenção do público pelo seu carácter escandaloso (a palavra "escândalo" está também presente no título). Logo no início, o espetador fica a conhecer as consequências do escândalo, uma vez que a Heroína (uma mulher de roupão e com uma máscara de cosmética no rosto, ainda desconhecida do espetador) se recusa a dar uma entrevista. No entanto, a conversa aparentemente normal com a massagista tem o carácter de uma entrevista com um artista cuja vida está cheia de segredos. Rapidamente se descobre que, sob o disfarce da massagista, se trata da jornalista Elena, que tenta assim recolher material para um artigo sensacionalista sobre a atriz Tamara Leonidovna e o seu ex-marido - o ator e realizador, Artista do Povo da Rússia, Jubileu Valentin Ivanovich Platonov, cuja relação entre eles está envolta numa atmosfera escandalosa após o divórcio.

O desenrolar dos acontecimentos de uma forma tão escandalosa atrai a atenção do espetador e aumenta a popularidade da peça, da mesma forma que as revistas de luxo e os talk shows aumentam normalmente o seu índice de popularidade. A jornalista começa por se fazer passar pela filha da primeira mulher civil de Platonov e depois revela a verdade, explicando os verdadeiros motivos das suas acções e defendendo a sua relação com o filho de Tamara:

"MASSAGISTA: [...] Se tudo correr bem com Slavik, não haverá artigo. Vou demitir-me da redação.
E se não resultar?
MASSAGISTA: Depois sai o artigo... Temos de proteger os nossos sentimentos como protegemos a nossa casa e a nossa carteira. Caso contrário, não valem nada".[12]

Elena actua como um juiz que faz os culpados reflectirem sobre as suas acções, transformando-se numa espécie de personagem de um romance de Agatha Christie, expondo um segredo de família - o adultério de Tamara com o marido e o marido da irmã. A exposição vem sob a forma de uma acusação - outro elemento muito típico dos romances policiais, em que o desenlace e a informação sobre "quem matou" são obtidos através de um detetive super-capaz. No entanto, a peça não é construída inteiramente sobre o esquema de uma história de crime emocionante, em que todos os segredos são revelados no final da obra. Ao longo da ação, diferentes imagens aparecem perante o público, diferentes versões da história entrelaçam-se, uma "verdade" escandalosa é substituída por outra, atingindo o seu clímax no final da peça.

A imagem da atriz Tamara muda ao longo da peça. De vítima indefesa abandonada pelo marido, passa a ser o oposto da vítima - um carrasco; toda a sua vida acaba por ser um jogo, não só no palco, mas também na vida em frente das pessoas mais próximas. A ação (intriga) toma um rumo inesperado no momento em que se descobre que a mulher com a máscara de cosmética no rosto não é Tamara, como o jornalista supôs, mas a sua irmã Tatiana - a verdadeira vítima de todos os acontecimentos.

A questão da simulação, do simulacro e da teatralidade surge frequentemente ao longo da ação em vários pormenores, ninharias e elementos maiores da peça, que se tornam visíveis e adquirem significado após o fim da ação. O subtexto das declarações

---

[12]Mardan A. "Ten plays that will shake the world", Odessa, 2012.

das personagens permite-nos traçar a destruição da realidade no espaço pós-soviético e a transformação da imagem do mundo e do pensamento numa simulação flagrante. Segundo J. Baudrillard, a simulação distingue-se do mero fingimento pela presença de elementos de acções inexistentes mais reais, enquanto o simulacro é uma representação do inexistente.[13] O hiperespaço da simulação caracteriza-se pela repetição cíclica dos acontecimentos. Nesse ciclo, segundo Jean Baudrillard, não há definição, o que daria origem a inúmeras interpretações, ou mesmo contraditórias.

Na peça Gatos e Ratos, as personagens não só representam outras personalidades, como vivem a vida de outras pessoas e retiram daí um certo benefício, mas, por vezes, também uma desilusão. Tatiana continua conscientemente a "representar" o papel da sua irmã, uma atriz, para finalmente descobrir a verdade:

"MASSAGISTA: Queria tirar a máscara.
Ainda não está na altura".[14]

Estas palavras, aparentemente simples, têm um duplo significado; podem referir-se não só à técnica do procedimento cosmético; muito provavelmente, este é o momento em que ela se apercebe de que ainda não é altura de tirar a máscara - tanto literal como figurativamente. A máscara cosmética no rosto da Senhora (Tatiana), que o jornalista confundiu com Tamara, é um dos pormenores alegóricos - pistas - de que a peça está repleta. A alegoria é também expressa aqui na imagem de uma ovelha com olhos de lobo, uma imagem de uma criatura com a natureza de um predador a fingir ser uma vítima. [15]

No final da peça, há uma pequena explicação entre as irmãs sobre a conversa entre Elena e Tatiana: E hoje aconteceu assim: ..... Veio uma rapariga, a massagista, e eu estava a usar uma máscara. Ela disse-me: "Tamara Leonidovna, Tamara Leonidovna...". Começou a contar-me como tinha ido aos meus, aos seus, claro... espectáculos, como tinha gostado de A Gaivota... Lamento, mas não a contrariei. Não

---

[13]Baudrillard J. Simulacra e Simulação", traduzido do francês: Pechenkina O.A., 2013 Tula, - 204 pp.
[14] Mardan A. "Dez peças de teatro que vão abalar o mundo", Odessa, 2012.
[15] Maliutina, N. "Poetics of statements in the plays of Odessa playwrights Anna Jablonska and Alexander Mardan", Rzeszow, 2016, 180s.

lhe disse quem eu era. Por isso, desculpe, mas estive no seu lugar durante quase uma hora ".[16]

Tatiana conta o que aconteceu, mas omite a essência da sua conversa com Elena, apresentando em vez disso uma versão muito simplificada da mesma, na qual ela própria parece estar disposta a acreditar - para o bem comum. Aqui vemos outro exemplo de simulação das personagens, de criação de uma realidade alternativa, de medo de revelar a verdade,

Um sacrifício da verdade, em que as duas heroínas também se enganam a si próprias.

No entanto, paradoxalmente, é a teatralidade da vida das heroínas que as traz de volta à realidade, à compreensão de que as suas vidas estavam cheias de papéis confusos. Os acontecimentos apresentados na peça ajudam Tatiana a ganhar poder sobre a sua vida futura e a promover a sua auto-afirmação como diretora do seu próprio destino, em vez de desempenhar inerte o "papel" que lhe foi atribuído de cima.[17]

A teatralidade da vida das heroínas não é a única associação com o teatro. Tal como noutras peças de A. Mardanian, as técnicas metadramáticas de representação do teatro como pano de fundo da representação e a reencarnação de actrizes em diferentes personagens são também aqui evidentes. A peça tem também elementos de melodrama, um género de drama que atrai um público popular de massas. A teatralização da realidade, para além do seu significado semântico, pode também adquirir aqui um tom de ironia autoral. A máscara cosmética acaba por ser uma máscara teatral, mas ao mesmo tempo simboliza um jogo, um outro papel na vida:

"TAMARA: [...] Tanya, ainda não fizeste a mala? E uma máscara! Não vamos a um parque de diversões. Vá lá, despacha-te." [18]

O Carnaval é um lugar onde todos se apresentam mascarados. Podemos encontrar aqui uma alusão aos destinos de Tatiana e Tamara, que confundiram os seus

---

[16] Mardan A. "Ten plays that will shake the world", Odessa, 2012.

[17] Maliutina, N. "Poetics of statements in the plays of Odessa playwrights Anna Jablonska and Aleksandr Mardan", Rzeszow, 2016, 180 s.

[18] Mardan A. "Ten plays that will shake the world", Odessa, 2012.

papéis e se viram a participar numa espécie de baile de máscaras.

O desenlace da peça, baseado no modelo de uma obra melodramática, expõe, à primeira vista, a intriga, mas, de facto, não contribui para a conclusão do enredo, o final da peça permanece em aberto.

Assim, utilizando as técnicas discutidas, o autor alcança o resultado desejado - a peça torna-se excitante e interessante para o público mesmo no final.

1.3. A destruição da utopia da consciência de massa na poética da peça A. A peça de Mardan "O último herói".

A. A obra de Mardan revela frequentemente os problemas inerentes à sociedade pós-soviética, como a destruição de utopias colectivas devido a mudanças políticas, provocando um conflito interno entre as ideias estáveis do passado e a nova mentalidade, formada como mecanismo de defesa na nova realidade.

Estes problemas são visíveis, em particular, na peça "O Último Herói". A ação da peça é organizada com base no princípio dos programas televisivos populares de massas, como os reality shows, que reflectem os interesses e as necessidades do grande público.

Nas suas peças, A. Mardan utiliza frequentemente elementos de modelação situacional semelhante a um jogo, princípios de representação de papéis e elementos de enredo escandaloso. A ideia baseia-se em simulacros presentes na consciência de massa, o tema é especialmente dirigido ao destinatário pós-soviético, para quem a mentalidade típica dos heróis das peças de A. Mardan é mais compreensível.

A peça "O Último Herói", tanto no seu título como no subtítulo - "reality show" - apresenta um modelo de comportamento de jogo. O objetivo do autor ao fazê-lo pode ser considerado ironicamente desfamiliarizante, revelando assim uma analogia real entre os acontecimentos históricos da guerra de 1943 (a defesa de Estalinegrado) presentes nas mentes das personagens e a transmissão em massa do reality show "O Último Herói", popular no nosso tempo, que é um pano de fundo constante ao longo da ação da peça.

No enredo da peça, há uma destruição gradual da ação: juntamente com as antigas tradições, ideais e valores, a família e as relações entre as pessoas estão a desmoronar-se. Tudo isto se passa numa casa que se está a desmoronar, tanto literal como figurativamente: a comunidade de todos os habitantes desintegra-se e eles mudam-se para diferentes partes da cidade, enquanto a casa se torna uma ruína e está destinada a ser demolida, uma vez que todas as comunicações são cortadas.

Os valores em ruínas estão centrados no espaço principal da peça: um apartamento, um apartamento soviético padrão Khrushchev, no qual todos os
é uma reminiscência dos tempos soviéticos e reflecte o modo de vida das gerações que nele vivem. Assim, todo o espaço da peça se torna um simulacro da era soviética.

A imagem do mundo é apresentada em grande pormenor pelo autor nas observações. À semelhança de outras peças de A. Mardan, o texto incidental descreve claramente o ambiente das personagens, o local de ação da peça é caracterizado como "uma cidade cujos habitantes falam russo", a universalidade do que está a acontecer é enfatizada, os acontecimentos podem ter lugar na cidade de qualquer país pós-totalitário. Na descrição do interior do apartamento, há também uma tentativa de chamar a atenção do leitor para os pormenores aceites como padrão na era soviética: mobiliário típico soviético - uma "parede" com cristais, um sofá, um tapete na parede. Para além do texto incidental, as alusões à vida soviética são visíveis nas réplicas, bem como nas acções das personagens, que, por sua vez, caracterizam a sua mentalidade, valores e abordagem à mudança.

A peça desenrola-se em seis actos, cada um dos quais coincide com um feriado oficial da URSS: Dia da Revolução de outubro (7 de novembro), Dia de Ano Novo, Dia dos Defensores da Pátria (23 de fevereiro), Dia Internacional da Mulher (8 de março), Dia Internacional dos Trabalhadores (1 de maio) e Dia da Vitória (9 de maio). Estas datas, na realidade moderna e pós-soviética, são celebradas como um tributo à tradição, bem como uma expressão de crenças que não se alteraram devido às mudanças políticas.

Observamos a destruição das tradições soviéticas logo no início da peça. O dia

da Revolução de outubro (7 de novembro) é visto pelas personagens mais como uma ocasião para um banquete do que como uma celebração de um acontecimento que já não parece grande. Além disso, há um choque entre as ideias firmemente enraizadas na consciência das pessoas da "era passada" e o novo pensamento que visa a modernidade, a inovação e a falta de sentimentalismo. Esta justaposição de valores reflecte-se no diálogo entre duas heroínas: Lyudmila, uma professora de literatura conservadora, e Katya, filha de Lyudmila, aspirante a atriz,
um membro pragmático da geração mais jovem.

A diferença entre as suas personagens pode ser vista na abordagem das duas mulheres à celebração familiar do agora impopular feriado revolucionário: Katya é indiferente ao feriado e ao encontro com a família. O conservadorismo de Ludmila é evidente no seu receio de mudanças, mesmo as mais pequenas, como a cor do cabelo ou a reorganização da mobília. Na sua mente, as situações domésticas rotineiras do quotidiano assumem um carácter sacralizado, e os ideais sob a influência dos quais vive não mudam em função da sua situação material. Aprecia as flores como presentes e, ao contrário da filha, não está disposta a trocá-las por uma forma mais "lucrativa" de gratidão. A abordagem da mãe e da filha à inundação do apartamento pelo vizinho de cima também difere: Katya exprime o seu desagrado pelo "país anormal" em que os inquilinos não processam o vizinho problemático e é sarcástica quanto à amizade entre vizinhos e à história heróica da família da própria casa ("Khrushchevka"), chamando-lhe "lendas que cheiram a naftalina".

A vizinha idosa Stalina Petrovna é também uma relíquia do passado - outro exemplo da utilização pelo autor de estereótipos reconhecíveis do pensamento, realidades icónicas do tempo soviético. Stalina Petrovna é uma testemunha ocular de tempos antigos e distantes, encarna o tradicionalismo, o conservadorismo, mas, ao mesmo tempo, é introduzida na cultura de massas sob a forma de programas de televisão, o que atesta o interesse da geração mais velha pela cultura pop.

A personagem do protagonista da peça, Victor, reúne todas as qualidades de um homem soviético, um intelectual que não consegue adaptar-se ao novo mundo comercial. Esta situação mostra a fase seguinte da destruição, a transição de uma era para outra. A personagem de Victor combina a imagem de uma "relíquia do passado" como exemplo de um mito sacralizado de um verdadeiro herói soviético, bem como a imagem do lendário "último herói". É assim que a ideia do autor se concretiza: a ação na peça desenvolve-se como o reality show "O Último Herói", cujo fragmento é apresentado no início da peça, e Victor acaba por ser o "último herói" nesta situação, o único participante "não rendido" no jogo em que se transforma uma situação bastante vulgar do nosso tempo: o despejo dos inquilinos de uma casa a demolir. As condições em que o "jogo" se desenrola também são semelhantes: no programa de televisão é uma selva selvagem, uma ilha desabitada, enquanto na peça é um edifício de apartamentos em deterioração gradual.

O enredo da peça é muito realista, como se tivesse sido ouvido nos meios de comunicação social, e na sua estrutura assemelha-se ao guião de um reality show em que as personagens participam. O apartamento, em cujas paredes está impressa a história das gerações que nele viveram, está a ser gradualmente destruído devido a anos de exploração. Ao mesmo tempo, os problemas familiares dos habitantes do apartamento são notórios: falta de recursos materiais, desentendimento entre gerações (pais e filha) e o frágil casamento de Lyudmila e Victor. A desintegração gradual da família prossegue enquanto as personagens levam inercialmente um modo de vida familiar, observando antigas tradições como uma espécie de tributo ao passado.

O edifício residencial em que se situa o apartamento adquire também um papel sacralizado. Em tempos, os inquilinos ocuparam praticamente a casa e defenderam o seu direito a viver nela durante seis meses (seis meses depois, os moradores receberam um mandado de captura); esta história heróica é comparada, na poética da peça, à batalha militar de Estalinegrado. Este tipo de comparação demonstra tanto o absurdo das leis na antiga era soviética do totalitarismo como a atitude dos residentes em relação à sua casa como uma relíquia.

Uma situação súbita altera o curso habitual dos negócios e obriga a repensar os valores reais. O terreno onde se situa a casa destina-se a um investimento de elevado orçamento por parte da empresa Atlanta e, por conseguinte, a própria casa vai ser demolida. Os moradores receberam uma proposta bastante favorável: para consentir a demolição e o despejo voluntário, a empresa ofereceu uma boa indemnização monetária e a procura de outra habitação melhor. As personagens são colocadas perante a escolha de preferir valores materiais ou espirituais. Provavelmente, o autor utiliza aqui alusões ao tema de "O Jardim das Cerejeiras" de A. Chekhov, uma comédia que apresenta o choque das emoções e dos ideais com o carácter prático dos novos tempos. Na peça de A. Mardan, o problema da mudança do mundo e da mentalidade humana está também ligado à necessidade de abandonar o lugar onde se passou toda a vida devido a necessidades materiais e ao qual a memória e o sentimentalismo nos ligam. Por analogia com Lyubov Andreyevna de Chekhov, Ludmila também é representada, para quem o apartamento tem um valor supremo como memória e símbolo do passado.

Vítor apresenta um ponto de vista muito diferente; é o seu comportamento nesta situação que transforma o enredo da peça num "reality show".
A oferta da empresa dá ao herói a oportunidade de se livrar da sua má sorte, de provar o seu verdadeiro valor aos que o rodeiam e de se realizar. Sonhando em receber um capital de 200 mil dólares como compensação pelo custo do apartamento, ele quer abrir o seu próprio negócio e reabilitar-se por todos os fracassos do passado.

O modelo de reality show surge no momento em que Victor se transforma no último herói - "jogador" - na situação de concordância gradual de todos os outros inquilinos com as condições da empresa, pelo que se pode considerar que são eliminados do jogo por . Vítor discorda obstinadamente das somas cada vez mais elevadas oferecidas pelo representante da empresa e explica o seu plano a todos os que o rodeiam. De facto, o significado de uma ideia tão fantástica e impensável não está nos meios materiais, mas na auto-realização da personalidade do herói.

Ficamos a conhecer o carácter de Vítor através do seu comportamento, da sua maneira de falar e das conversas dos outros sobre ele. Muitos planos não realizados, fracassos e a constante sensação de ser incompleto, supérfluo, tanto no país e no novo tempo, como na sua família, que não consegue sustentar, provocam o desespero do herói, levando-o a acções próximas da loucura. No entanto, os sonhos não se realizam, Vítor não só não se descobre como uma pessoa nova e plena, como é privado do pouco que tinha antes, fica abandonado pela mulher e privado de esperanças de mudar a existência cinzenta e sem esperança.

No final da peça, há uma colisão de dois elementos "desmoronados": a casa ("Khrushchevka") e a personalidade de Victor, cujo nome é
O "vencedor" é visto como um sinal da ironia do autor. A ambiguidade do desenlace, a incerteza do destino do "último herói" é uma técnica que incorpora a ideia do autor e dá a oportunidade de interpretar a peça de diferentes formas. Uma das opções de interpretação da peça pode ser a ideia do desaparecimento irreversível da era soviética e, com ela, a morte do homem que encarna os seus ideais.

No entanto, é necessário analisar o que é realmente este tipo de representação da época anterior. Todos os elementos reconhecíveis da vida quotidiana: feriados soviéticos, festas com os seus rituais, fragmentos de citações, canções - são um conjunto de estereótipos do comportamento quotidiano. A personalidade de Victor é também uma encarnação de estereótipos mentais e clichés levados ao absurdo. Pode assumir-se que o próprio personagem (Victor) é uma espécie de simulacro de um herói da era soviética.

Victor representa um tipo de antigo homem soviético que combina todas as qualidades perdidas inerentes às pessoas da época passada. Uma dessas qualidades é uma espécie de heroísmo caricatural, que não permite que o herói desista da luta para encontrar uma vida decente e a sua verdadeira identidade. O objetivo da criação deste tipo de herói pelo autor pode ser o de rejeitar a ilusão do heroísmo soviético inerente à consciência das massas.

O impacto no público é reforçado pelo acompanhamento musical da peça, uma vez que cada ação, de acordo com os feriados soviéticos, termina com uma peça musical muito famosa, por vezes até clangorosa. O último dia vermelho do calendário na estrutura do enredo é o Dia da Vitória na peça, uma alusão à vitória dos inquilinos da casa há muitos anos e uma ironia combinada com o heroísmo de Victor, cuja derrota ocorre precisamente neste dia. A canção popular e multigeracional favorita "This Victory Day" reforça a impressão da natureza grotesca do espetáculo.

A. Mardan adivinha com precisão os costumes do público, mostrando-os nas suas peças. Tudo o que atrai a atenção do público em vários espectáculos - escandalosidade, semelhança de enredos com a vida quotidiana comum e, ao mesmo tempo, diferente da vida comum - está presente nas peças de A. Mardan, como "O Último Herói".

A ação nas suas peças é organizada e baseada em certos simulacros, levados ao kitsch, que podem, por sua vez, refletir certas tradições literárias e culturais. No entanto, as questões sobre a realidade do que está a acontecer, a mutação de várias esferas da existência humana afectam a perceção da realidade, a forma como as pessoas comunicam, pelo que não podemos deixar de concordar com alguns investigadores de literatura, filosofia e sociologia, que consideram a era pós-soviética como uma fonte de condições prévias para mudar a realidade e repensar os valores tradicionais inerentes à consciência de massa da era do totalitarismo.

Mostrando diferentes personagens e destinos de heróis, revelando os processos em curso na sociedade moderna, que podem ser interessantes para o público em geral, A. Mardan utiliza nas suas peças diferentes técnicas, também metadramáticas.

CAPÍTULO II

2.1. Metadrama e elementos de metateatralidade no drama moderno. dramaturgia.

A utilização generalizada de técnicas metatextuais na literatura do século XX permite-nos falar do desenvolvimento do fenómeno da meta-literatura. No entanto, o metadrama, enquanto fenómeno pertencente a um tipo especial de literatura, tem as suas próprias peculiaridades.

O metadrama, enquanto técnica teatral, tem uma longa história. A noção de "metadrama" aparece já num dos artigos de JI. Abel, em 1963. O novo termo caracterizava o drama e o teatro, cuja problemática era dirigida ao próprio teatro[20] . O termo "metateatro", proposto por L. Abel, conseguiu entrar nos estudos literários, no entanto, ainda não lhe foi atribuído um significado único e universalmente reconhecido, e as formas dramatúrgicas de apresentar o metateatro como uma forma de ver o mundo e o teatro não foram totalmente descritas. Um exemplo do desenvolvimento de técnicas metadramáticas no século XX pode ser considerado as peças de B. Brecht, nas quais há um discurso direto do ator para o público. O metadrama tornou-se um dos principais instrumentos de autorreflexão do teatro, transformando a estrutura da representação teatral na sua personagem principal.

Entre as caraterísticas distintivas do metadrama do século XX - a auto-reflexividade, uma hierarquia complexa de níveis de realidade cénica e a repetição - estão em grande parte determinadas pelas descobertas criativas de L. Pirandello e B. Brecht. O pós-modernismo aumenta o grau de reflexividade do metadrama através da referência a obras literárias anteriores e da sua reinterpretação.[21]

No metadrama pós-modernista, há uma duplicação da realidade, o que

---

[20] Polityko E.H.. "Metadrama no teatro moderno". Boletim da Universidade de Perm 2010.
[21] Shilova E. N. "Metadrama nas obras de Caryl Churchill".Dis.... Cand. philolog. nauk . Ekaterinburg.2011.

implica comentários metadramáticos no decurso do desenvolvimento do enredo, distribuição contrastante de papéis (os papéis são desempenhados sem ter em conta a idade e o sexo dos actores, o número de personagens não corresponde ao número de artistas), repetições composicionais ou apresentação de variantes paralelas do desenvolvimento dos acontecimentos em palco. O aspeto metadramático pode manifestar-se de várias formas - desde declarações individuais de uma personagem e de uma linha de enredo (P. Calderon, L. Thicke) até uma estrutura dramática que cria uma imagem de "teatro global" (L. Pirandello, M. de Gelderod, T. Stoppard).[22]

O metadrama também pode ser realizado sob a forma de "uma peça dentro de uma peça" e "uma peça sobre uma peça", bem como em peças sobre teatro. Em obras caracterizadas pela metadramática e pela teatralidade do espaço, o teatro é enfatizado e ultrapassa os seus limites, competindo com a vida "real" em termos da adequação da perceção dos acontecimentos. Há também falas e comentários "condicionalmente nominativos" que levam à constatação da natureza abstrata da linguagem. Outro elemento do metateatro é a utilização de cenários que enfatizam a convencionalidade teatral da ação. A utilização do enredo de uma obra clássica numa outra peça nova é caraterística do metadrama.

A fórmula "teatro no teatro" tem, em cada época, o seu próprio significado. A versão tradicional de "teatro no teatro" é uma metáfora alargada: o mundo é um teatro. O drama exterior - a vida - opõe-se ao drama interior
- e todo o texto é uma justaposição metafórica dos mesmos. B. Chupasov considera dois tipos principais de peças metadramáticas: _~ _ 23 clássica e modernista.

A versão clássica do metadrama é a representação do mundo como um grande teatro, de acordo com a máxima de Shakespeare "Todo o mundo é um teatro. Nele, mulheres e homens são todos actores". As pessoas na vida quotidiana "jogam", desempenham papéis, por vezes sem sequer se aperceberem. Estando no

---

[22] Stavitsky A. V. "Metadrama G. Büchner e os problemas da sua realização cénica" Cand. of Arts. São Petersburgo. 2002.

teatro, têm a oportunidade de observar o que se passa no palco, desligando-se dele como de uma realidade alternativa.

Os dramas modernistas, por outro lado, com a técnica da "cena no palco", pretendem mostrar que não há fronteiras claras entre arte e realidade. O teatro modernista não reflecte a realidade, mas é parte integrante dela. O teatro aqui não é uma representação da vida, mas um elemento dela. De acordo com a definição do investigador moderno E.N. Polityko, o metadrama é uma representação da vida. Segundo Polityko, o metadrama é um tipo de drama que utiliza os princípios da autoreflexão, da repetição e da duplicação lúdica da realidade.

O metadrama reúne todos os casos em que a peça manifesta a ideia encarnada pelo teatro da construção do que nele acontece, da transformação da vida em teatro e vice-versa.

A técnica do "teatro no teatro" há muito que atrai a atenção dos investigadores dramáticos. Esta técnica tem sido escrita tanto sobre o material da dramaturgia de W. Shakespeare, J. B. Moliere, A. Chekhov, como sobre dramaturgos contemporâneos. Um dos exemplos mais famosos de metateatralidade é a peça de W. Shakespeare. Shakespeare[23][24] "Hamlet", na qual a técnica do "teatro no teatro" é utilizada como um componente inserido na peça.

Na peça de A. Tchekhov "A Gaivota", cada plano da "realidade" teatralizada tem as suas próprias caraterísticas: o carácter pateticamente melodramático da heroína Nina revela-se na incoerência dos seus monólogos com a ação e as falas das outras personagens, Nina sente-se constantemente a heroína da peça, que tenta representar não só numa representação amadora, mas também na vida. Assim, em A Gaivota, o dispositivo metadramático pode ser considerado um elemento de metateatralidade.

De acordo com E. Sokolova, a técnica do "teatro no teatro" é o método dramatúrgico, que nos permite descobrir a própria natureza do teatro, torná-la o

---

[23] Chupasov V. B. "Cena no palco": o problema da poética e da tipologia. "Dissertação de Mestrado em Ciências Filológicas. Universidade Estatal de Tver, 2001

[24] Polityko E.H.. "Metadrama in modern theater", Vestnik Permskogo universitet. 2010.

conteúdo do texto dramatúrgico e da representação cénica.[25]

O metadrama, enquanto género de dramaturgia, implica uma teatralidade enfatizada, a duplicação da realidade artística, o apagamento das fronteiras entre o mundo da realidade e o mundo da arte. As técnicas utilizadas enfatizam a falta de auto-identidade do herói[26] . A ação de uma peça de teatro conhecida por todos pode ser transferida para outras realidades, o tempo pode ser alterado, por exemplo, a encenação de uma peça clássica de W. Shakespeare é levada a cabo na realidade moderna. As réplicas das personagens podem ser alteradas e conter reminiscências ou alusões de outras peças.

Todas as técnicas apresentadas estão envolvidas na emergência da
de um certo tipo de pensamento artístico e teatral, que permite ver como o último drama manifesta a autoconsciência artística da época.

2.2. Receção do "teatro no teatro" na peça de Alexander Mardan "Anschlag".

Naturalmente, a interpretação de uma obra teatral depende do facto de ser apresentada em palco ou de existir como texto dramático, na forma escrita. A peça "Anschlag" é um elemento de pleno direito da literatura e do teatro.

Analisar a receção do "teatro no teatro" e da "cena no palco" na peça "Anschlag" de A. Mardan. Para analisar a receção do "teatro no teatro" e da "cena no palco" na peça "Anschlag" de A. Mardan, baseamo-nos nas posições de estudiosos (E. Sokolova, A. Stawicki, A. Skolasinska, E. Polityko, etc.) que, nas suas obras, analisaram uma série de regularidades do funcionamento desta técnica em peças de teatro e a distinguiram pelo seu papel e pela natureza da criação da estrutura da ação.

A dramaturgia russa tem abordado repetidamente o fenómeno da

---

[25] Sokolova E. B. "Autorreflexão teatral na dramaturgia da época do modernismo" Izvestiya RGPU com o nome de A.I. Herzen, 2007, Vyp № 43-1 / vol. 17, c.316-319

[26] Shilova E. N. "Metadrama nas obras de Caryl Churchill". Cand. philolog. sciences . Yekaterinburg. 2011

teatralidade como uma determinada componente da nossa vida. Um exemplo é a dramaturgia de A. Chekhov e a sua peça "A Gaivota", na qual surge o problema da inutilidade do homem e se percebe a impossibilidade da sua auto-realização nas condições do final do século XIX e início do século XX.

Numa carta (outubro de 1895), A. Chekhov chama a "Gaivota" uma comédia "em que há três papéis femininos, seis masculinos, quatro actos, muita conversa sobre literatura, pouca ação, muito amor". O mesmo se pode dizer da peça "Anschlag" de A. Mardan, na qual "A Gaivota" de Tchekhov é o ponto de partida para a criação de uma imagem do mundo e da atmosfera poética da peça.

Enquanto a versão clássica do metateatro aponta para a semelhança entre o mundo e o teatro, e a técnica modernista do "teatro no teatro" destrói as fronteiras entre o teatro e a vida, podemos ver na peça de A. Mardanian uma combinação destas técnicas. A peça de Mardanja é uma combinação destas técnicas.

A realidade, na perceção das personagens, não tem um significado inequívoco. O teatro, por outro lado, adquire significado não só como arte, mas também como um elemento integrante da vida. Ao contrário de muitas peças, em que o mote está mais ou menos presente mas não tem significado, todo o conceito de ação da peça Anschlag se baseia na ideia de teatro. O modelo segundo o qual o teatro funciona é revelado ao público do princípio ao fim. No entanto, "Anschlag" apresenta o teatro não apenas como arte ou entretenimento. Aqui, o jogo não é um elemento da vida, mas a própria vida.

A história apresentada na peça "Anschlag" é uma prova da presença do teatro nas nossas vidas. Os heróis da peça são actores, representantes da ideia do teatro-mundo, que vivem a jogar. Ao mesmo tempo, a peça levanta o problema da impossibilidade de conhecer as fronteiras entre a realidade e o jogo, e a possibilidade de influenciar a vida com a ajuda da ilusão. Por conseguinte, a peça de A. Mardan pode ser interpretada tanto do ponto de vista da interpretação clássica da técnica do "teatro no teatro" como da perspetiva do conceito modernista.

O protagonista da peça, Konstantin, é a personificação da perceção de o teatro como a única forma que lhe resta de escapar à falsidade da vida quotidiana, ou seja, como uma forma de encontrar a verdade que perdeu. Konstantin apaixona-se por Nadezhda, em quem, no entanto, vê não só uma mulher real, mas também a heroína de A Gaivota. Para conquistar o seu favor e o seu amor, Konstantin concebe um "espetáculo" em que duas pessoas falam uma com a outra, em que duas pessoas falam da vida, de sentimentos, de compreensão mútua. Vemos como a peça principal representa a "Performance", que também pode ser considerada a vida.

As acções do protagonista, que se dedica à representação como uma tentativa de mudar e dar um sentido diferente à sua vida e encontrar o amor, são interpretadas de forma diferente pelas outras personagens da peça.

Os motivos da sua ação parecem diferentes, dependendo do ponto de vista das diferentes personagens. Larisa acredita que não há arte em "Performance": "Bem, um homem e uma mulher estão a falar, a lançar frases como uma bola. E qual é a moral? ... Isto é teatro? É um talk show"[27] . Sobre o herói, ela diz que ele é "louco de gordura". O encenador Yevgeny Sergeevich acredita que Konstantin "entrou no teatro como no altar do templo, atrás da iconostase... Todos não podem, mas ele pode. Não é sem razão que dizem que o teatro é um templo, só que na igreja o homem vem para comunicar com Deus, e no teatro - com o Homem"[28] . Outra atriz, Anastasia, considera o comportamento de Konstantin como o entretenimento de um empresário rico e aborrecido que tem dinheiro suficiente para satisfazer os seus caprichos. Na sua opinião, Konstantin quer "comprar" o amor de outra pessoa em vez de encontrar o seu amor genuíno. Em Nadezhda, a mulher que ele passou a amar, Konstantin não encontra compreensão; ela é "eternamente grata a ele", e apenas .[29]

Analisando a peça, podemos perceber que "Performance" revela os

---

[27] A.Mardan. Ten plays that will shake the world, Odessa, 2012, p. 101.
28 28 п-
1h
[29] A.Mardan. Ten plays that will shake the world, Odessa, 2012, p. 101.

princípios não do teatro clássico, no qual prevalece a ação, mas do teatro moderno, cujo conteúdo principal é o processo de criação da ilusão teatral. Observamos nela as caraterísticas da performance, que é comum nas interpretações contemporâneas de peças modernistas e das novas peças pós-modernistas. A performance é uma estética da consciência cultural contemporânea, uma técnica de comunicação interactiva com o público no teatro, uma forma de conduzir um diálogo com o público. No processo de performance, o espetador pode tornar-se parte da ação, por vezes sem sequer se aperceber.

A ambiguidade do comportamento de Konstantin, a compreensão ambígua dos motivos que o levam a querer viver no palco e a incerteza do desfecho da peça podem ser interpretadas como uma manifestação da poética da peça "Anschlag", ou seja, como mais um elemento de metateatralidade.

À primeira vista, parece que em "Anschlag" existem analogias sólidas com "A Gaivota" de Tchekhov, mas, por outro lado, a semelhança de Konstantin com Treplev pode ser um dispositivo do grotesco. Durante o mês em que Konstantin foi ao teatro e viu "A Gaivota", decidiu entrar no papel de Treplev, embora, de facto, a semelhança da sua personagem com o herói de Chekhov seja ambígua.

O desejo de Konstantin de viver da representação pode ser realizado não só no palco, na "Performance", mas também na vida, pois Konstantin decidiu começar a viver uma ilusão. Tendo-se imaginado a si próprio como Treplev, comporta-se de forma a parecer que é ele a toda a hora.

E.N. Polityko na sua obra "Metadrama in Modern Theater" chama a atenção para a ligação cognata entre metadrama e metaliteratura, apontando para a capacidade de desenvolver um novo nível de auto-conhecimento no drama. A autora examina a natureza do metadrama e chama a atenção para a utilização de técnicas no teatro, como as observações através das quais o autor pode expressar a sua própria visão da peça.[30]

A. Mardan utiliza as observações como uma técnica necessária para uma

---

[30] Polityko E.H.. "Metadrama no teatro moderno". Boletim da Universidade de Perm. 2010.

determinada interpretação da sua obra. O próprio título da peça "Anschlag" de A. Mardan significa não só o que estamos habituados a entender na vida quotidiana - a falta de lugares livres na sala de teatro, mas também outras interpretações desta palavra: um golpe, uma tentativa, uma estimativa, uma estimativa, um cálculo, um jogo de varinha. A técnica deste autor de interpretação multivalente do título já desde o início da peça indica a possibilidade de interpretação ambígua da ação, dos conflitos e das personagens.

O personagem principal da peça, Konstantin Georgievich Borisov, é um rico empresário desiludido que decide recorrer ao teatro para se encontrar. Para ele, o teatro representa uma espécie de salvação, uma espécie de religião. O teatro evoca nele associações com o sentimento de "casa", memórias de infância e um tempo em que o mundo não parecia tão triste e artificial.

Konstantin apercebe-se do fingimento da vida quotidiana. Afinal, tudo o que faz é uma ação aprendida, maquinal, pouco diferente do jogo de marionetas. É forçado a cumprir as leis da sociedade, a observar a decência, como lhe é exigido pelos outros e como o seu estatuto social de homem de negócios exige. No entanto, esta vida inerte não lhe dá felicidade. Konstantin tenta viver no palco todas as noites para dar sentido ao seu mundo interior, às suas emoções e para se encontrar a si próprio. "Toda a gente vive a representar, mas só os actores vivem a representar"[31] - aparentemente, estas palavras inspiram e constituem o sentido da vida da personagem principal. Em busca da verdade, ele volta-se para o teatro, para o jogo, porque, na sua opinião, os sentimentos representados em palco são genuínos.

O elemento de vitalidade da peça "Performance", interpretada pelo empresário-empresário Konstantin, é o que mais atrai o público e leva a uma casa cheia. Segundo o diretor do teatro, "uma pessoa vem ao teatro para comunicar com uma pessoa", ou seja, ver o que se passa no palco transforma-se numa sessão de psicoterapia. O sucesso de "Performance" explica-se pelo desejo humano de

---

[31] Mardan A.. Ten plays that will shake the world, Odessa, 2012, p. 101.

observar os sentimentos dos outros para analisar o seu próprio estado de espírito.

Sobre "A Gaivota", A. Chekhov disse que tem pouca ação, mas muita conversa sobre o amor. "Performance", como uma peça dentro de uma peça ou um teatro dentro de um teatro, é uma conversa sobre o amor ou uma tentativa de viver uma vida verdadeira no processo de conversas entre duas pessoas que se amam. O que acontece em palco intriga o público da mesma forma que um talk-show ou simples histórias de vida e mexericos costumam intrigar. Interpretando a ação, cada um à sua maneira, o espetador encontra algo que se relaciona consigo próprio.

O espetáculo também contém alusões a A Gaivota de Tchekhov, ou melhor, podemos falar de uma ação alternativa. Em A Gaivota, as personagens vivem num estado de incompreensão de si próprias e dos outros. O fim trágico deve-se a um amor não correspondido, à concentração no seu mundo interior e à falta de atenção aos outros.

A "performance" é uma realidade muito diferente, otimista, mas ao mesmo tempo plausível. As personagens chegam a um entendimento mútuo, comunicando entre si - o diálogo é o caminho para a felicidade. "Performance" revela também o sonho inerente tanto a Constantine como a todo o público, que, ao ver o que está a acontecer, experimenta a catarse.

Outra explicação para a ação de Konstantin pode ser o desejo do herói de realizar o seu sonho subconsciente de concretizar a sua necessidade de teatralidade. De acordo com N. Evreinov: "Um homem é teatral porque se esforça por ser ou parecer algo que não é ele próprio". No coração da teatralidade - "o instinto de transformação", "a alegria da auto-mudança", "o primeiro lema da teatralidade - não ser você mesmo"[32] . A teatralidade do comportamento traz uma espécie de satisfação à pessoa: ela sente o poder da sua própria influência sobre os outros e como que se diverte com o seu próprio jogo ou auto-expressão afectiva.

---

[32] Evreinov N. "O teatro como tal. Justificação da teatralidade no sentido do início positivo da arte do palco na vida", Izd.2-nd, suplemento. M., Vremya, 1923.

Neste caso, o herói, utilizando a peça da sua autoria, quer simultaneamente viver a melhor vida, "ideal", dos seus sonhos e "abrir a sua alma" perante o público. Ele quer alcançar a auto-realização no processo de teatralização de si mesmo, do seu "eu".[33]

Após a concretização das suas ideias na realidade, o herói transforma conscientemente a sua vida real numa ilusão e vive-a sob a forma de uma representação teatral . Konstantin é a personificação de um homem que trocou os lugares do fingimento e da realidade. No entanto, não conseguindo encontrar compreensão na Esperança ("Há esperança, mas não há esperança"), Konstantin faz a única escolha que lhe resta: escolhe a morte, pois não pode regressar à realidade, onde a "morte dos desejos" já ocorreu.[34]

A poética da peça de A. Mardan contém a ambiguidade de interpretação do desenlace. O final triste, o desaparecimento do protagonista pode ser visto não só como um suicídio, mas também como uma morte ligada a outro atentado contra o empresário. Outra interpretação pode também ser o desejo de Konstantin de fugir para a "sua ilha", e alguns espectadores entendê-lo-ão não num sentido figurado mas literal.

A intriga no desenlace é uma homenagem ao público, que escolhe o seu próprio final para a peça. Neste caso, pode ser vista como um elemento de realidade num mundo cheio de mentiras.

Assim, vemos na peça "Anschlag" a manifestação de várias técnicas metadramáticas, vários elementos da técnica do "teatro no teatro", aqueles que são normalmente personificados com o metateatro (por exemplo, representar a peça na peça), mas também um método muito mais inovador. O metadramatismo da peça "Anschlag", que retoma caraterísticas das versões clássica e modernista desta técnica, é visível no enredo da peça, em várias alusões e analogias a outras peças clássicas e no discurso sobre os problemas inerentes ao teatro. Ao combinar todas

---

[33] Khalizev V.E. "Drama como fenómeno de arte" Art. Moscovo. 1978.
[34] Mardan A. "Anschlag. (História de uma tentativa)". Odessa. 2010.

estas componentes, a peça "Anschlag" constitui uma excelente oportunidade para ilustrar as várias propriedades do metateatro e da arte do teatro em geral.

A. A popularidade de massa de Mardan baseia-se nos seus dramas, que são encenados nos teatros de muitos países pós-soviéticos, bem como traduzidos para línguas estrangeiras. No entanto, na sua obra, Alexander Mardan não se limita ao drama, exprimindo-se também em prosa.

Um facto interessante é que, entre os contos e novelas do dramaturgo, se destacam obras que são uma espécie de repetição dos enredos das peças. Até à data, apareceram sob a forma de novela: "A História de um Assassinato", "O Último Herói" e "A Noite dos Namorados".

À primeira vista, as três histórias repetem a história que é transmitida nos dramas, mas, na verdade, também existem algumas diferenças que alteram, se não o texto, a sua possível interpretação.

Assim, "A História de um Assassinato" é transferida para a peça em prosa "Anschlag" com o subtítulo "A História de um Assassinato".

Enquanto a encenação deve ater-se ao texto da peça e a ação se limita ao palco e às oportunidades teatrais, à visão que o encenador tem da peça, na história podemos observar o fenómeno oposto - o texto é visivelmente expandido, a ação decorre em locais diferentes, o leitor é apresentado ao mundo interior das personagens, a interpretação que o autor faz das personagens e os motivos das suas acções também se manifestam.

Uma das principais diferenças no enredo é uma personagem adicional, que na peça, por sua vez, só é mencionada pela protagonista. Trata-se de Gleb, um jornalista que Nadezhda "conseguiu" conhecer e cujo caso com ele acabou por levar o protagonista Konstantin à morte. A morte do protagonista, que foi insinuada na peça, não deixa a menor dúvida em The Story of One Assassination.

O ambiente da história está repleto de pormenores que não existem na peça, que permitem ao leitor reconhecer melhor a realidade do que está a acontecer, mas os comentários do autor explicam, à sua maneira, as razões das acções das personagens, as suas relações e decisões de vida, bem como os resultados dessas decisões, quase sem dar ao leitor a oportunidade de compreender individualmente o que está a acontecer.

O conto "A história de um assassinato" está repleto de raciocínios do autor sobre o teatro. Comparando o mundo da realidade e da ilusão no comportamento das personagens, o autor revela os mecanismos de influência do teatro, da teatralidade e da ficção sobre a visão e o destino do homem.

Apesar de o conto ser uma obra em prosa, tem o carácter de metateatralidade devido ao tema do teatro presente em todo o lado, o conto mostra também um fragmento de "Performance" encenado no pequeno palco do teatro, ou seja, é utilizado outro elemento de metateatralidade.

Se pensarmos na razão pela qual A. Mardan transpõe os enredos das peças de teatro para a prosa, chegamos à conclusão de que se trata de uma questão de maior popularidade da obra. A história tem uma maior circulação, dá ao autor uma maior oportunidade de se exprimir e de ter um impacto na mente dos leitores do que uma peça de teatro.

Uma das razões pode ser o desejo do autor de tentar entrar em diálogo com aqueles que não frequentam o teatro e preferem ler romances a ler peças. Outra pode ser o desejo do dramaturgo de expressar as suas próprias ideias sobre as personagens, de interpretar o seu próprio enredo, que no processo de encenação de uma peça é um guião trabalhado e apresentado pelo encenador e pelos actores.

2.2. Factores de influência do texto de Tchekhov na poética das peças de teatro A. As peças de Mardan "Intermission" e "Anschlag".

Nesta subsecção queremos abordar o problema da atitude perante a tradição clássica, o seu ditame peculiar, que é superado de várias formas pela dramaturgia teatral contemporânea.

Muitas peças modernas são criadas com base em textos anteriores e, muitas vezes, um texto de autor original completamente novo é criado com base numa obra clássica. Vários investigadores da dramaturgia moderna consideram nos seus trabalhos o problema da receção de obras teatrais clássicas nas peças de autores contemporâneos. Assim, O. Zhurcheva, no seu artigo *"Receptive Strategies* in *Modern Dramaturgy"*, chama a atenção para o fenómeno da receção criativa na dramaturgia moderna e observa que a situação contemporânea na dramaturgia é semelhante, talvez, apenas à experiência igualmente maciça da década de 1920. Talvez a dramaturgia no século XX e agora no século XXI.

Torna-se o género principal quando é necessário dominar, compreender a nova realidade social.

As obras clássicas são uma espécie de ponto de referência, um ponto de referência, um texto precedente que organiza o texto das peças contemporâneas. O líder incontestável na frequência de atribuição em peças russas contemporâneas é o teatro de A. Chekhov.[35]

O texto dos dramas de Tchekhov surge como "uma espécie de 'arquétipo' estético (...) ideológico presente na consciência tanto do público de massas como dos mais recentes dramaturgos"[36] . Este foi o início de um diálogo dos dramaturgos contemporâneos com A. Tchekhov, através da transformação das suas ideias e obras, firmemente enraizadas na consciência do homem moderno. Os dramaturgos modernos recorrem a enredos e palavras "alienígenas" para afastar os modelos conhecidos das obras do programa escolar e para extrair deles algum significado atual.[37][38]

Assim, o dramaturgo que existe no quadro do enredo, da citação e do

---

[35] Sergeeva E., Maslenkova N., "Dialogue with the classics as a means of building conflict in modern literature". 2009.

[36] Zhurcheva O.V. "Estratégias prescritivas no mais novo drama" [w]: O mais novo drama da viragem dos séculos XX-XX1: o problema do autor, estratégias prescritivas, o vocabulário do mais novo drama. Materiais de seminários científicos e práticos, Samara, 2009, p.26-27.

[37] Zhurcheva O.V. "Estratégias prescritivas no mais novo drama" [w]: O mais novo drama da viragem dos séculos XX-XX1: o problema do autor, estratégias prescritivas, o vocabulário do mais novo drama. Materiais de seminários científicos e práticos, Samara, 2009, p.26-27.

[38] *Eco, W.* "O papel do leitor. Um estudo sobre a semiótica do texto" / U. Eco. Per. do inglês e do italiano.

C. Serebryanyi, São Petersburgo, 2005.

esquema dramatúrgico de um outro torna-se o próprio "modelo do leitor imaginário" de que falava Umberto Eco, que "será capaz de interpretar as expressões percebidas exatamente da mesma maneira" „39
no espírito em que o autor as criou" .

Nas peças de A. Mardan "Intermission" e "Anschlag", mesmo à primeira vista, é possível notar claramente alusões ao drama de Tchekhov, repetição de motivos, entrelaçamento dos nomes das personagens das peças de Tchekhov, no entanto, os problemas inerentes às obras de Tchekhov são apresentados de uma nova forma.

A peça "Intervalo", na sua forma, ecoa de forma muito visível, quase compulsiva, a comédia de Tchekhov "Três Irmãs", reconhecida pelos investigadores como uma tragicomédia. Esta semelhança começa nos nomes das personagens e manifesta-se na encenação da peça, que é encenada durante quase toda a ação de "Intervalo".

Todos os acontecimentos da peça são teatralizados: a vida dos actores, que transferem a vida no palco para a realidade e vice-versa, é apresentada; as especificidades da profissão dos actores, mostradas "a partir dos bastidores" e as problemáticas da dramaturgia e da encenação mais recentes. Ao considerar a natureza do intertexto nas peças de A. Mardan, chama-se a atenção para a sua introdução não só no texto principal, mas também no texto incidental, que permite ao leitor descobrir os nomes das heroínas de "Três Irmãs". A. Mardan utiliza a popular técnica pós-modernista de criar um texto dentro de um texto.

Na poética da peça, há um choque entre uma abordagem tradicional do drama e pontos de vista inovadores sobre a natureza e a estética da arte teatral. A peça também contém certas frases das peças de Tchekhov, que estão firmemente enraizadas na consciência de massa do público, usadas para enfatizar a ligação com o texto de Tchekhov.

Noutra peça de A. Mardan - "Anschlag" O texto de "A Gaivota" de Tchekhov é a base para a criação de uma imagem do mundo e da atmosfera poética desta peça. A ação também se desenrola no teatro, e a essência do significado da vida do personagem principal Konstantin (uma alusão a Konstantin Treplev em "A Gaivota") é atuar perante si próprio e perante o público real. O comportamento dos heróis sugere as personagens da peça de Tchekhov devido a acções semelhantes (o suicídio do herói de Tchekhov e a culpa da mulher por quem estava apaixonado), tendo como pano de fundo acontecimentos contemporâneos ou simplesmente devido ao desejo de imitação. [39]

Na peça "Anschlag" nota-se um sentimento de semelhança entre Konstantin e Treplev, uma espécie de repetição do metadramatismo de Tchekhov em "A Gaivota". Em "Intermission", esta analogia surge em ligação com outra peça de Tchekhov - "Three Sisters": os nomes das personagens são repetidos, durante toda a ação a peça de Tchekhov é encenada várias vezes.

A "influência" da poética das peças de A. Chekhov nas peças de A. Mardan é percetível à primeira vista. Vários investigadores prestam atenção à estratégia utilizada pelo autor para criar uma impressão de repetição, de analogia com o texto precedente.[40] Pode tratar-se de trocadilhos, de nomes de personagens, de falas de personagens emprestadas e de jogos de linguagem. Alguns investigadores argumentam que todas as alusões ao drama de Tchekhov, tão vividamente expressas nas peças de A. Mardan, não passam de alusões superficiais, frases e motivos banais, clichés - tudo o que é facilmente percetível por qualquer espetador ou leitor com um mínimo de educação secundária.

Assim, os motivos de Tchekhov nas peças de A. Mardan não podem ser considerados como a expressão de uma ideia de um novo autor, mas como um texto clássico facilmente reconhecível numa peça de um dramaturgo moderno. Esta técnica pode chamar a atenção para si própria, e o espetador sentir-se-á como alguém mais instruído e, portanto, melhor do que os indivíduos marginalizados

---

[39] Makarova V.V. "O intertexto de Tchekhov nas peças dos neorealistas dos anos 2000: compreensão construtiva dos clássicos", Vestnik da Universidade Estatal de Buryat, Vyp. 10, Ulan-Ude, 2012, pp. 135-140.

[40] Makarov A. B. "Metateatro sob o signo de Chekhov (sobre o material das peças de V. Levanov, O. Bogayev, A. Mardan)", Vestnik Baltic Federal University em homenagem a I. Kant, Vyp. 8, Kaliningrado, 2013, pp. 162-168.

comuns. Todas as "inserções tchekhovianas" nas peças de Mardan servem precisamente para atrair este tipo de público intelectual snobe.

Outra ideia que chama a atenção é uma espécie de pretensão snobe das personagens (Konstantin, Pavel Bogomolov), que querem transformar a sua vida numa vida mais interessante e refinada através da arte do teatro. Apesar do facto de a teatralidade do comportamento ser peculiar a todas as pessoas, o desejo de trocar a ilusão e a realidade não pode trazer nem sucesso, nem felicidade, nem uma resposta sobre o significado da própria existência.

Analisando as razões da presença em tão grande número de motivos tchekhovianos nas peças de A. Mardan, podemos dizer que, atualmente, a tendência dominante é "refazer" os clássicos de uma forma nova e moderna, ou encenar de novo peças bem conhecidas para repensar a sua existência através dos clássicos. O remake é assim utilizado para atrair o maior número possível de espectadores, para ganhar popularidade em massa. Aparentemente, a estratégia também pode ser interpretada de forma semelhante
A. Mardan, ou seja, assumir que tudo o que é "tchekhoviano" nas suas peças é uma forma de atrair a atenção do público e, utilizando motivos clássicos, dizer algo de seu.

O "Intervalo" chama a atenção para o facto de as heroínas perderem o significado das frases de Tchekhov devido à sua repetição frequente nos ensaios; o mundo dos clássicos de Tchekhov torna-se incolor na sua atuação, como os fatos gastos. No final, porém, o texto de Tchekhov aproxima as actrizes, as frases de As Três Irmãs que elas proferem do palco tornam-se suas e a sua atuação, pela primeira vez em muitos anos, inspira.

Assim, é possível observar a mudança interior das heroínas através da sua reinterpretação do texto de Tchekhov. No entanto, vem-nos à mente a seguinte questão: existe realmente uma influência do texto de Tchekhov nas peças de A. Mardan na forma que estamos habituados a observar na cultura moderna de massas: ou trata-se de aproximar algum elemento da obra de Tchekhov da consciência do espetador médio, ou pode ser apresentada uma história alternativa de "o que aconteceria se..."?

Apesar do facto de, à primeira vista, a peça "Intermission" parecer basear-se inteiramente no texto precedente do drama de A. Chekhov "Three Sisters", esta semelhança não determina totalmente a interpretação da peça e o seu significado filosófico. Todos os "clichés tchekhovianos" que aparecem em "Intermission" podem ser vistos não como uma tentativa de recontar "Three Sisters" de novo, mas como uma manifestação do pensamento original do autor.

A ironia do pensamento do autor fala do esgotamento dos motivos originais do texto e da impossibilidade de novas interpretações dos textos de Tchekhov. A tentativa de extrair novas ideias de um texto frequentemente interpretado, o esforço constante para mostrar inovação na arte testemunham a crise do teatro do encenador, como alguns investigadores escreveram sobre isso.

A peça "Anschlag" de A. Mardan está repleta da atmosfera, do espaço do teatro, das representações teatrais, dos ensaios e das conversas sobre a existência humana no teatro. A obra de Tchekhov "A Gaivota" pode parecer a base do enredo da peça e, como em muitas outras peças do dramaturgo, as citações de Tchekhov são reconhecidas na poética. A principal semelhança com "A Gaivota" surge - por causa do herói Konstantin, que com o seu comportamento repete persistentemente as tentativas de Konstantin Treplev de se exprimir através da arte teatral, muitas vezes na sua forma não convencional. Tal como em A Gaivota Nina Zarechnaya "mata" Treplev com a sua confissão, a heroína de A. Mardan, Nadezhda, é a causa do desaparecimento de Konstantin. O carácter não dito do desenlace permite uma interpretação ambígua. No entanto, tudo isto não passa de uma imitação da analogia com A Gaivota, o excesso do texto de Tchekhov transforma Anschlag numa paródia de imitação de autores clássicos.

O autor da peça, aparentemente, não pretendeu transpor a imagem de Treplev para uma forma moderna; apesar de outras realidades e tempos, Treplev permanece o mesmo. O empresário Konstantin não aparece aqui como um "novo Treplev" que mudou as suas acções e juízos. A peça sublinha não a semelhança de

Konstantin com Treplev, mas a sua imitação absurda, até ao ponto de se suicidar por causa de uma mulher.

Konstantin é também um exemplo de uma paixão extrema pelo teatro e de uma má interpretação da influência do teatro na vida. Na cultura popular de massas, as personagens de textos anteriores são frequentemente utilizadas para exprimir estas ideias.

A peça é uma espécie de destruição das formas clássicas do texto de Tchekhov pelos heróis de Anshlag, uma tentativa de extrair novas ideias de um texto frequentemente interpretado e um esforço constante para mostrar inovação na arte. Estilização, metatextualização, desconstrução e reinterpretações sob a forma de remake são os processos através dos quais se realiza uma espécie de diálogo com os clássicos. Nas suas peças, o dramaturgo utiliza quase todas estas técnicas.

As peças em análise - "Anschlag" e "Intermission" - contêm alusões a várias interpretações teatrais inovadoras do drama canónico de A. Chekhov. Tchekhov. A poética do texto traça o desejo do dramaturgo de ironizar as inúmeras produções das peças de A. Chekhov, que são orientadas apenas para surpreender ou eupatizar o público.

É possível que toda a ação das peças de Mardan se centre no próprio processo de influência do texto de Tchekhov na consciência das pessoas, dos actores e dos encenadores. O enredo das peças concentra-se num problema: a impossibilidade de escapar à influência da autoridade do teatro de Tchekhov. Na peça "Intervalo", essas "vítimas da influência de Tchekhov" são as actrizes do teatro de província, que, através das falas das heroínas de Tchekhov, exprimem as suas próprias emoções. Em Anschlag, Konstantin cai sob a influência do teatro de Tchekhov e é engolido pelo espaço de A Gaivota de Tchekhov

O autor aborda a impossibilidade de sair do mundo de Tchekhov, que é inerente à consciência das suas personagens. A influência do texto de Tchekhov priva frequentemente as personagens das peças de A. Mardan da capacidade de tomarem as suas próprias decisões. Em ambas as peças, não há um regresso completo aos textos precedentes e ao desenvolvimento do pensamento de Tchekhov; também não há uma apresentação de motivos clássicos numa forma inovadora e revolucionária. O desenvolvimento da ação representa a tentativa das personagens de se libertarem da influência da autoridade do teatro de Tchekhov, e o regresso das personagens ao texto precedente é facilitado pelo seu desejo de mudarem as suas vidas.

CONCLUSÃO

Depois de analisarmos a obra de Alexandre Mardan, chegámos à conclusão de que as suas obras têm um carácter de massa.

Vários factores da cultura pop de massas influenciam aspectos da obra de A. Mardyan em geral, e as peças em questão, "Anschlag", "Intermission", "The Last Hero", "Cats and Mice", em particular. As peças contêm elementos caraterísticos da dramaturgia no contexto da cultura de massas: melodramatismo, motivos criminais, a construção da ação por analogia com programas de televisão como reality shows, talk shows, elementos de enredo escandaloso ou a utilização de motivos de obras clássicas para atrair a atenção do público.

A perceção que o público tem das peças de teatro depende, em grande medida, da interpretação cénica da obra. A intriga no desenlace é uma homenagem ao público, que tem a oportunidade de adivinhar como a ação vai terminar; o espetador tem também a oportunidade de tirar as suas próprias conclusões. Neste caso, pode ser visto como um elemento de realidade num mundo cheio de mentiras. Ao justapor o mundo da realidade e o da ilusão no comportamento das personagens, o autor propõe-se compreender a natureza do impacto e da influência do teatro, da teatralidade e da ficção nas perspectivas e no destino do ser humano.

Outro elemento do metadramatismo, presente nas peças de A. Mardan, é o diálogo peculiar com os enredos clássicos de A. Chekhov na maioria das obras. Tchekhov. No entanto, este exemplo de intertextualidade deve ser considerado não como um remake, mas como uma obra original, na qual o dramaturgo não se limita à repetição de motivos bem conhecidos dos clássicos, mas utiliza apenas os seus temas para criar o pano de fundo da peça, na qual exprime as suas próprias ideias e pontos de vista sobre a realidade.

O autor aborda a impossibilidade de deixar o mundo tchekhoviano inerente à consciência das suas personagens; a influência do texto tchekhoviano priva frequentemente as personagens das peças de A. Mardan da oportunidade de tomarem as suas próprias decisões, e o regresso das personagens ao texto precedente ocorre apenas como resultado de um desejo alternativo e individual das personagens de mudarem as suas vidas.

O que à primeira vista parece ser uma história clássica de Tchekhov apresentada na realidade de outro país e época é, na verdade, a ironia do autor dirigida às tendências actuais da cultura popular e do teatro.

Deve notar-se uma certa tendência na perceção das peças de teatro pelo público. As peças de A. Mardan são muito populares para encenação, mas não há grande procura para leitura. Este facto pode ser explicado pela inacessibilidade dos livros publicados com as peças de A. Mardan, o que é um sinal do tratamento da obra do dramaturgo no contexto da cultura de massas: as peças destinam-se mais à encenação teatral do que à sua perceção no formato literário de um livro. Talvez por isso o autor se volte também para a prosa e surjam as novelas "História de um assassinato" e "O último herói", nas quais se repete o enredo das peças. As novelas permitem ao autor exprimir o seu ponto de vista sobre os acontecimentos e devem também atrair um círculo adicional de leitores, o que lhe dará uma popularidade em massa.

A. As peças de A. Mardan parecem adquirir um carácter de massas, uma vez que os seus temas reflectem os estereótipos da consciência e os problemas da sociedade que vive na encruzilhada dos séculos. Todas as peças de A. Mardan são caracterizadas pela presença de elementos da utopia da consciência de massa, que se manifesta em vários selos no pensamento das personagens. A atribuição dos heróis das peças de A. Mardan às imagens presentes na consciência das massas, a utilização de clichés e simulacros, definindo as realidades da vida quotidiana e o estatuto social dos heróis, podem também indicar que a sua obra pertence ao género da cultura de massas.

Notamos a presença do Autor nas declarações de várias personagens, bem como no texto remarcado das obras, o que dá tanto ao leitor de como ao espetador das peças um sentimento de nostalgia do passado. Tudo isto sugere que o autor das peças representa a consciência da era soviética, como evidenciado pelo tema da colisão da mentalidade soviética com a realidade moderna pós-soviética e a nostalgia do tempo soviético inerente às personagens das peças.

O tema geral das peças de A. Mardan é caracterizado pela universalidade; não existe uma definição precisa do local de ação das peças, exceto o comentário do autor de que as personagens vivem numa cidade de língua russa. Não encontramos qualquer informação sobre uma cidade específica ou sobre o país em que os acontecimentos se desenvolvem, o que nos permite pensar no possível objetivo do autor de apresentar um enredo que poderia ter lugar em qualquer república pós-soviética.

Este carácter universal das peças leva à crescente popularidade do autor e a produções cada vez mais frequentes das suas obras, uma vez que a problemática dos enredos cria muitas oportunidades para diferentes interpretações cénicas e compreensões individuais.

Tendo em conta os elementos da dramaturgia do autor, como o enredo, o carácter da ação, as observações, as imagens das personagens, chegamos à conclusão de que as suas peças se destinam a um vasto leque de espectadores e podem ser percebidas em função do modo de interpretação cénica, do horizonte de expectativas do destinatário, do contexto, que é determinado tanto pela situação social como pelas tarefas do encenador. Parece mais convincente ler as peças do dramaturgo no contexto da cultura popular, que está a adquirir um significado cada vez mais importante. Atualmente, as suas funções e tarefas estão a mudar; é chamada não só a entreter o público, mas também a fazê-lo refletir sobre as questões prementes do nosso mundo e da nossa existência.

BIBLIOGRAFIA

1. Baudrillard J. "Simulacra and Simulations", tradução do francês: Pechenkina O.A., Tula, 2013, - 204 pp.

2. Vinogradova A. "Havia um rapaz?" Jornal "Raduga", № 4, Kiev, 2011.

3. Evreinov N. "O teatro como tal. Justificação da teatralidade no sentido do início positivo da arte do palco na vida". Ed. 2º, suplemento, M., Vremya, 1923.

4. Zhurcheva O.V. "Prescriptive strategies in the latest drama" [w]: "O mais recente drama da viragem dos séculos XX-XXX1: o problema do autor, estratégias de receção, vocabulário do mais recente drama", Materiais de seminários científicos e práticos, Samara, 2009, pp. 26-27.

5. Zhurcheva T.V. "Receptive nature of "new drama" as a challenge to the diretor's theater at the end of the twentieth century" [w]: "O mais novo drama da viragem dos séculos XX-XX1: o problema do autor, estratégias receptivas, o vocabulário do mais novo drama". Materiais de seminários científicos e práticos, Samara, 2011, pp. 72-79.

6. Zakharov A.V. "Cultura tradicional na sociedade moderna" [w]: "Estudos Sociológicos", n.º 7, 2004, pp. 105-115.

7. Kostina A. B. "A cultura de massas como fenómeno da sociedade pós-industrial", ed. 2, M., 2005, - 352 p.

8. Kuznetsova T.F., Lukov V.A., Lukov M.V. "Mass culture and mass belletristics"^]: "Conhecimento. Compreensão. Mindfulness", n.º 4, M., 2008.

9. Makarov A.V. "Metateatro sob o signo de Tchekhov (sobre o material das peças de V. Levanov,

10. O. Bogayeva, A. Mardanya)", Vestnik da Universidade Federal Báltica I. Kant, Vyp. 8, Kaliningrado, 2013, pp. 162-168.

11. Makarova V.V. "Chekhov intertext in the plays of neorealists of 2000-ies:

constructive comprehension of the classics", Vestnik Buryatskogo State University, Vyp. 10, Ulan-Ude, 2012, pp. 135-140.

12. Maliutina, N. "Poetics of statements in the plays of Odessa playwrights Anna Jablonska and Aleksandr Mardan", Rzeszow, 2016, 180 s.

13. Mardan A. "Anschlag. (História de uma tentativa)". Odessa, 2010.

14. Mardan A. "Ten plays that will shake the world", Odessa, 2012, 101 p.

15. Polityko E.H.. "Metadrama no teatro moderno (para a produção do

16. problemas)". Boletim da Universidade de Perm. Vyp. 5(11),

17. Filologia Russa e Estrangeira, Perm, 2010. p. p. 167-174.

18. Sergeeva E., Maslenkova N., "Dialogue with the classics as a means of building conflict in modern literature" [w]: "Novo drama da viragem dos séculos XX-XXI: o problema do conflito", Samara, Izd--vo "Grupo Univers", 2009.

19. Sokolova EH. "Autorreflexão teatral na dramaturgia da época do modernismo. Metadrama", Izvestiya RGPU com o nome de A.I. Herzen, Vyp № 431 / vol. 17, M., 2007.

20. Stavitsky A.V. " O metadrama de G. Büchner e os problemas da sua realização cénica " Dissertation.... Cand. phil. sciences, 17.00.01. - filolog. ciências, art. lit. da Alemanha, São Petersburgo, 2012. - 210 c.

21. M. F. Sirazetdinova, "Simulacrum as a means of consciousness manipulation", Young Scientist," No. 2, 2015, pp. 653-655.

22. , Deoretical culturology" Editado por K.E. Razlogov, Moscovo: Instituto Ros. de Culturologia, 2005.

23. Uliura G. "Conceptualização nas distopias de Maxim Kurochkin: individualidade e identidade" [w]: "Newest drama of the turn of XXXXI centuries: the problem of the hero", materiais do 4º seminário científico-prático, Samara, 2012, p. 49.

24. Chupasov V.B. "Cena no palco: o problema da poética e da tipologia".

Dissertação de Mestrado em Ciências Filológicas, Universidade Estatal de Tver, 2001.

25.Khalizev V.E. "O drama como fenómeno da arte" Art, M., 1978.

26.Shilova E. N. "Metadrama na obra de Caryl Churchill: especificidade e dinâmica": monografia. - LAP Lambert Academic Publishing, Alemanha, 2012, 271 p.

27.Eco *W.* "O papel do leitor. A study on the semiotics of text", tradução do inglês e do italiano:. Silver S., São Petersburgo, 2005.

Recursos da Internet:

28.http://dramaturg.com.ua/index.php/bio(A.E.Mardan. Biografia)

29.http ://gazeta. zn. ua/CULTURA/remarcas na lista dramaturgo aleks andr marda

30.n v odesse govoryat po-russki,no dumayut po-ukrainski.html (Comentários à "Lista". O dramaturgo Alexander Mardan: "Em Odessa falam russo, mas pensam em ucraniano").

Printed by Books on Demand GmbH, Norderstedt / Germany